Kyrilla Spiecker
In Seine Hand geschrieben

Kyrilla Spiecker

# In Seine Hand geschrieben

Bildmeditationen

Verlag
Katholisches Bibelwerk
Stuttgart

# Inhalt

# Die Zusage

## Als Einladung zum Schauen

Die Welt ist, wie sie ist. Wir können ruhig alles beim Namen nennen. Doch die Bestandsaufnahme verschweigt das Entscheidende: Da steht mitten in unserer untergehenden Welt einer, der uns will, der uns wohl will, der uns vollenden will, der uns liebt. Sein Wort gilt. Sein Wort geschieht. Sein Wort meint dich und mich und jeden Menschen, der lebt. Nicht irgendwer – vergeßlich und unzuverlässig wie wir – nein, Israels Bundesgott, der Vater unseres Herrn und Heilandes Jesus Christus ruft in unsere Weltnacht hinein:
*Ich vergesse dich nicht. Ich habe dich eingezeichnet in meine Hände. (Jes 49,15–16)*

Bilder und Texte des Büchleins möchten von dieser Gottes-Zusage künden. Sie möchten hinter dem düsteren Gesicht unserer Welt Gottes Licht durchscheinen lassen.

Denn das Gesicht dieser Welt macht uns Angst. Das Machbare hat nach Machern gerufen, das Kaufbare nach Konsumenten. Nun haben wir

Ausverkauf. Wozu? fragen die Jungen. Wenn wir keinen Arbeitsplatz kriegen, war doch alles umsonst. – Wir sind fertig, sagen die andern, wenn sie alle irdischen Paradiese durchprobiert haben. – »Sense«, sagen die Ausgeflippten, die ihre Freiheit mit Abhängigkeit, Ekel und Verzweiflung bezahlt haben.
*Du aber sagst: Ich vergesse dich nicht!*

Wir haben Welt und Umwelt bis in die Wurzeln verändert, verbraucht. Nun rächen sie sich. Wir selbst sind die Opfer unserer Ideen und Taten geworden.
*Du aber sagst: Sieh her! Ich habe dich in meine Hände gezeichnet.*

Irgendwann fing es an. Irgendwann hört es auf, sagen uns die Gelehrten. Wie und wann, darüber gibt es Berechnungen, Theorien. Zu unvorstellbar sind diese Zahlen, zu großräumig der Spielraum für unseren Alltagsgebrauch. Erst im Bereich unseres eigenen Lebens und ein wenig darüber hinaus zählen die Zahlen, wägen wir sie, nutzen wir sie – und – entgleiten sie uns. Das Unwägbare von Zufall, von Versagen und Krankheit, von Katastrophen und Kriegen wirft alles Berechenbare über den Haufen. Sicher scheint nur der Augenblick, den wir nicht festhalten können. Nicht mit Raketengeschwindigkeit, nicht mit Nachrichtensatelliten.

*Du aber sagst: Selbst wenn eine Mutter ihr eigenes Kind vergessen könnte – ich nicht! (Jes 49,15)*

Wir können viel. Wir können Leben verhindern, gestatten, verändern. Wir können Leben verlängern und Leben ausrotten. Wir können Krankheiten bannen und Krankheiten produzieren – als Nebenprodukt unserer Technik. Mit ihnen werden wir ebensowenig fertig wie mit unserem Abfall. Wir sind rund um die Erde erreichbar, erfaßbar, verwaltbar geworden. Wir haben uns einfangen lassen in ein weltweites Netz von Informationen und Datenverarbeitung. Wir wähnen uns bestorientiert und sind gleichzeitig unfähig, mit den Problemen des Alltags fertig zu werden. Wir schuften für den Freizeitgenuß und schlagen dann kostspielig die freie Zeit tot.
*Du aber sagst: Ich vergesse dich nicht!*

Nichts ist mehr sicher vor uns. Sicher ist nur der Tod, den wir leugnen, den wir abschaffen möchten. Denn wir wollen um jeden Preis leben. Dafür verbrauchen, vergewaltigen und verwüsten wir zunehmend unsere Erde. Für viele ist sie bereits zu einer tickenden Zeitbombe geworden. Wir sind in Zeitnot geraten. Denn jeder Zeitgewinn aus der Technik beschenkt nicht nur die Hausfrau, den Angestellten, den Urlauber, – auch der Zerstörer bedankt sich. Das Gleichgewicht des Schreckens soll uns den Frieden bewahren.

*Du aber sagst: Sieh her! Ich habe dich in meine Hände gezeichnet.*

Kriege, Krisenherde, Terror und Katastrophen jagen weiter über die Erde. Schrecken ohne Ende und die Angst vor dem Ende mit Schrecken verunsichern uns. Angst sichert sich ab, versteckt sich. Angst isoliert. Sie macht uns schwermütig und unproduktiv. Jeder kreist nur um sein eigenes Fortkommen und Überleben. Keiner traut mehr dem andern. Keiner hilft mehr dem andern. Wir haben einander aus den Augen verloren. Wir leben auf Abstand, jenseits der Hörweite. Wir sind auf der Hut voreinander. Wir wissen nicht einmal, ob der andere Freund oder Feind ist.
*Du aber sagst: Selbst wenn eine Mutter ihr eigenes Kind vergessen könnte – ich nicht!*

Wir beschwören die Menschenwürde, das Recht auf menschenwürdiges Leben und Freiheit. Die Regierenden aller Völker reden davon. Den Regierten aller Völker aber steht Lebensangst oder Lebensüberdruß im Gesicht. Die Freude am Leben, die wir im fröhlichen und festlichen Zusammen teilen und steigern wollen, ist selten geworden. Nicht Freude ruft uns zusammen, sondern der Aufstand, der Hunger, der Krieg.
*Du aber sagst: Ich vergesse dich nicht!*

Kommunikationsmittel sollten uns enger mitein-

ander verbinden. Sie haben uns in erschreckendem Maße einander entfremdet. Das echte Gespräch scheint verstellt und gelähmt. Wir haben uns nichts mehr zu sagen. Wir wiederholen nur Informationen und Klatsch. Nie zuvor waren wir einsamer. Hinter einer gläsernen Trennscheibe täuschen wir Austausch vor.
*Du aber sagst: Sieh hier! Ich habe dich in meine Hände gezeichnet.*

Beziehungslosigkeit, Kontaktschwäche und Bindungsangst nehmen zu. Sie gefährden den einzelnen und sie bedrohen den Staat. Die verheißenen Paradiese der Freiheit haben sich als Höllen entpuppt. – Nie wurde mehr von Liebe geredet, gesungen, gespielt und gelogen. Nie wurden Menschen mehr von Menschen um Liebe betrogen. Lieben kann nur der Mensch. Objekte können nicht lieben. Objekte können nicht Du sagen, nicht treu sein. Der Mensch aber ist zum Objekt der Forschung, der Lust, des Gebrauchs geworden. Als wir die Ehrfurcht entließen, konnten wir auch die persönlichsten Bereiche des Menschen ins Rampenlicht holen. Dabei haben wir seine Wurzeln aus dem schützenden Erdreich gerissen. Selbst ein Baum verdorrt dann: zu Nutzholz. Objekte sind auswechselbar. Objekte haben ausgedient, wenn sie unbrauchbar werden.
*Du aber sagst: Selbst wenn eine Mutter ihr eigenes Kind vergessen könnte – ich nicht!*

Im Verfallensein und Verfall wächst der Tod. Das Herz aber findet sich nicht damit ab. Das Herz kann nur schlagen, wenn es weiß, für wen. Noch im Zerrbild der Liebe sehnen wir uns nach dem Urbild. Nur ein Du, das mich als Du will, macht mich wieder zum Menschen. Nur ein Du kann mich zu mir selber befreien. Ich möchte wieder im Sinn leben. Ich möchte wieder antworten dürfen mit mir selbst. Erst dann lohnt es sich wieder zu leben.

*Du aber sagst: Ich habe dich eingezeichnet in meine Hände. Komm und sieh!*

# Du bist es

Der Herr führt dem Menschen die Frau zu, Ausschnitt aus der Bernwardstür am Dom zu Hildesheim, 1033

Der Mensch gab Namen allem Vieh, den Vögeln des Himmels und allen Tieren des Feldes. Aber eine Hilfe, die dem Menschen entsprach, fand er nicht. Da ließ Gott der Herr eine Ohnmacht auf den Menschen fallen, so daß er einschlief, nahm eine Rippe und verschloß ihre Stelle mit Fleisch. Gott der Herr baute aus der Rippe, die er vom Menschen genommen hatte, eine Frau und führte sie dem Menschen zu. Und der Mensch sprach: Das endlich ist Gebein von meinem Gebein und Fleisch von meinem Fleisch. (Gen 2,20–23)

Es gibt wenig Augenblicke in der Geschichte des Menschen, die ihn gleichermaßen so einmalig und so verschwistert mit den Menschen aller Zeiten und Rassen ausweisen wie Geburt, Hochzeit und Tod. »Nackt komme ich hervor aus dem Schoß meiner Mutter; nackt kehre ich dahin zurück«, meditiert der vom Unglück geschlagene Ijob (1,21). An den Grenzen zählt nur der Mensch

selbst. An den Grenzen von Lebensbeginn und Lebensvollendung hat der Mensch nichts mehr zu bieten als sich selbst. Beide, das Neugeborene wie der Sterbende sind geworden, sind angewiesen, sind voller Erwartung. Aus dem Schoß der Mutter mündet das Leben ein in den »Schoß des Erbarmens«. Im Spannungsfeld dieser Pole ereignet sich Leben. Es gipfelt in der Hoch-Zeit der Liebe. Denn auch in der Begegnung Liebender zählt nur der Mensch.

Wenn der Meister der Bronzetür von Hildesheim die erste Geschlechterbegegnung gestaltet, so scheint die Darstellung so ewig jung wie erste Liebe und so alt wie das Menschengeschlecht. Die 1000 Jahre der Bronzetür haben dieser ersten Begegnung nichts an Aktualität und herbem Liebreiz nehmen können. Jedoch nachdenklich macht uns die Szene. Es ist nicht nur die Paradiesesgeschichte, die hier nacherzählt wird und den Schöpfer handelnd ins Bild bringt. Hier geraten wir an die Wurzelbereiche jeder Begegnung.

Auf dem linken, 472 cm hohen Türflügel ist unser Bild der zweiten Platte von oben entnommen. In acht Darstellungen wird dort von der Erschaffung Adams bis zu Kains Brudermord erzählt. Der Zuführung Evas zu Adam entspricht auf dem rechten Türflügel der Gang der drei Frauen zum Grab und der Engeldialog.

Die zweite Schöpfungserzählung berichtet vom Menschen, der sich inmitten der ganzen Schöpfung, die Gott seinetwegen entworfen hatte, verlassen und einsam fühlt. Ihm fehlt Wesentliches – »die Hilfe, die ihm entspricht« (vgl. Gen 2,20). Und Gott schafft ihm seine Entsprechung – die Frau. Er führt sie dem Menschen zu und Adam begrüßt sie: »Endlich! Das ist Fleisch von meinem Fleisch« (Gen 2,22). – Zwischen zwei Bäumen, die auf den Baum des Lebens und den Baum der Erkenntnis hinweisen, geschieht dieses Wort. Es geschieht vor einem leeren Hintergrund, der nichts festlegt. Was da geschieht, geschieht immer noch.

Drei Gestalten sind im Bild. Alle drei sind in Bewegung aufeinander zu. Alle drei bewegen sich auf der schmalen Bildrampe. Bekleidet ist nur der Bildner. Durch Kreuzmandorla und Evangelium in der Linken, sieht der Künstler im Schöpfer schon den Erlöser seines Geschöpfes. Eine drängende Bewegung beherrscht die Gestalt. Die freie Rückwärtsbewegung des rechten Fußes hat die Gewandfalten nach hinten gezogen. Der Überwurf schwingt noch vom Schritt. Die Rechte des Herrn berührt sehr zart die Schulter der Frau, während seine Augen Adam beobachten. Im Gegensatz zur übergroßen Gestalt des Herrn wirken Adam und Eva kindhaft klein. Ihre Bewegung ist eher zögernd. Mit dem Außenfuß krallen sich beide ein wenig fest. Sie sind unsicher. Evas rechte

Ferse berührt fast noch die Zehen des linken Fußes. Adams Schritt wagt sich fußspannenweit vor. Ihn verlangte ja nach dem anderen Menschen. Beide Gestalten sind nackt und geschlechtslos gestaltet. Beide gehen mit offenen Armen aufeinander zu, wie es Menschen tun, die einander erwartet haben und sich gleich glücklich in die Arme schließen werden. Mit offenen Augen schauen sie einander an. Ihr Blick ist voller Vertrauen. Ihr Mund verrät eine stille Freude. Nichts Ungestümes ist in diesem erwartungsvollen wie behutsamen Aufeinanderzugehen. Noch hat sich der Ring nicht geschlossen. Noch steht unabsehbare selige Zukunft vor ihnen: ein gemeinsames Paradies – ein Paradies in Gemeinsamkeit. Noch spürt die Frau Gottes Hand auf sich ruhen. Die Hand, die sie geformt hat, die sie dem Gefährten zuführt, die sie ins Leben entläßt.

Bis jetzt hatte Gott allein das Wort. Als Adam den anderen Menschen erblickt, bricht er in Jubel aus. Er schaut auf seine Gefährtin. Aber sein Dank gilt dem Geber dieses Gottesgeschenkes. Der Dialog mit Gott und dem Mitmenschen hebt an. – Nur in dieser Dreieckssituation, nur in der Rückbindung an Gott, der den Menschen wollte, der dem einsamen Adam die Gefährtin zuführte und beiden die Welt anvertraute, wird Paradies möglich. Wir wissen, wie kurz das Paradies währte. Dennoch wird der Traum vom Paradies bis zum neuen Himmel und zur neuen Erde weiter geträumt werden. Wir wissen, wie schnell Adam seine Herkunft und seine Verantwortung gegenüber dem Schöpfungsauftrag, gegenüber der ihm anvertrauten Gefährtin vergißt. Er behütet sie nicht vor der listigen Schlange. Er wird mitschuldig. Obendrein lastet er der Gefährtin noch die eigene Schuld an. Adam, der nicht allein leben konnte, den nach der Hilfe »ihm gleich« verlangte, verweigert der Gewährten und jetzt Versuchten die Hilfe. Nun verkehrt sich das Für- und Miteinander im Glück zum Miteinander in Schuld und deren leidvollen Folgen. Nun wird der eine des anderen Last.

Dennoch gehen Menschen immer noch voller Erwartung aufeinander zu. Immer noch verspricht der Mann der Frau den Himmel auf Erden. In jeder Liebe, die sich dem andern zum Geschenk machen möchte, steckt noch ein Stück Paradies. In jeder Begegnung, die so verheißungsvoll anfängt, nistet aber auch das Erbe der Ahnen, die Gott hinter sich ließen, die ihr Glück allein schmieden wollten. Jede Generation wiederholt diese Erfahrung. Mit der Befreiung von Gott wachsen auch Angst und Enttäuschung. Was ewig und grenzenlos schien, nützt sich ohne Zustrom notwendig ab. Selbstsucht, Versagen und vielerlei Weisen der Untreue brauchen den Vorrat an Liebe vorzeitig auf. Wenn nur die Lust, aber nicht mehr die Last geteilt werden will, beginnt der schleichende Rückzug. Man hat sich nichts mehr zu sagen. Die Augen meiden einander. Die Arme strecken sich nicht mehr erwartungsvoll und liebend dem andern entgegen. Der Ring löst sich auf, als sei er aus Rauch. Man geht auseinander.

Es muß nicht so sein. Denn Gott denkt Gedanken der Liebe. Gottes Treue reicht von Geschlecht zu Geschlecht. Er hat nicht nur Liebe auf Vorrat. Er ist Liebe. Er möchte sich selber verschenken. Er möchte uns zur ersten Liebe befreien, vollenden. Seine ausgebreiteten Arme am Kreuz warten auf uns. Ein Stromkreis schließt sich nicht ohne Kontakt, ohne Berührung, ohne die Hinwendung zu unserem Herrn und Erlöser. Dann kann uns seine Liebe durchströmen. Dann werden wir unerschöpflich und fähig, auch die Last des anderen zu tragen – zu lieben, wie Er uns geliebt hat.

In der ersten Begegnung war der Schöpfer Brautführer. In der letzten ist Christus selber der Bräutigam, der neue Adam, der die neue Eva dem Vater zuführen wird. Darum frohlockt der Täufer-Johannes: »Wem die Braut gehört, der ist der Bräutigam. Der Freund des Bräutigams aber, der dabeisteht und ihn hört, freut sich über die Stimme des Bräutigams« (Joh 3,29). – Am Ende ohne Ende erfüllt sich unsere Ursehnsucht nach Liebe, nach Paradies. Wir werden immer beim Herrn sein.

# Der Herr hat sich Jakob erwählt

Jakobs Kampf mit dem Engel, Ausschnitt aus dem Jakobsfenster des Fraumünsters, Zürich, von Marc Chagall, 1970

Jakob hatte in der ersten Fluchtnacht einen Traum: »Eine Leiter stand auf der Erde, sie reichte bis zum Himmel. Auf ihr stiegen Gottes Engel auf und nieder. Oben stand der Herr und sprach: ... ›Ich bin mit dir, ich behüte dich, wohin du auch gehst, und bringe dich zurück in dieses Land. Denn ich verlasse dich nicht, bis ich vollbringe, was ich dir versprochen habe‹ « (Gen 28,12–15).

In der Heimkehrnacht nach zwanzig Jahren »rang mit ihm ein Mann, bis die Morgenröte aufstieg ... Jakobs Hüftgelenk renkte sich aus, als er mit ihm rang ... Jener fragte: ›Wie ist dein Name?‹ ›Jakob‹, antwortete er (was übersetzt heißt ›Betrüger‹). Da sprach der Mann: ›Nicht mehr Jakob wird man dich nennen, sondern Israel ...‹ Jakob sagte: ›Ich habe Gott von Angesicht zu Angesicht gesehen und bin doch mit dem Leben davon gekommen ...‹ « (Gen 32,25–31).

Tiefblaue wogende Nacht
trächtig von Gott
Nacht der Gesichte
Nacht der Gotteserfahrung

Jakob – wo blieb die Zeit
zwischen Heimkehr und Flucht
Sind zwanzig Jahre ein Nichts
Wach auf – Jakob
Zeit ist nicht mehr
Aber Gott

Du bist eingekeilt – Jakob
Der Engel stellt dich
zwischen Schlaf und Vision
zwischen Schuld und Verheißung
Denn: Jakob hat Esau betrogen
Jakob hat Isaak belogen
Jakob hat Laban betrogen
Sag deinen Namen – Jakob
Bekenne dich als »Betrüger«
Macht Gottes will über dich kommen
Es ist schrecklich in die Hände
des lebendigen Gottes zu fallen
Doch der Herr hat sich Jakob erwählt
Israel zu seinem Eigentum

Jakob – Gottes Erwählter
Du meinst mit dem Engel zu ringen
Aber der Engel führt dich im Tanz

trägt dich umwirbt dich im Tanz
Trau nicht der Kraft deiner Füße
Du schwebst
Jakob – du bist so leicht geworden
Gott allein hat Gewicht
Jakob – du bist so klein geworden
Deine Hände umgreifen die Schenkel des Engels
und dein Haupt reicht ihm nur bis zur Brust
Schließe die Augen – Jakob
Seine Brust leuchtet von Gott
Goldener Lichtglanz streift eure Hüften
Gottes Kraft strömt in dich ein
löscht deine Kraft aus
Du wirst fortan hinken
Du hast mit Gott getauscht – Jakob
Jakobs Kraft und Namen
hat die Nacht verschlungen
Israel: »Gott soll sich stark erweisen«
ist aus Gott geboren
Der Herr hat sich Jakob erwählt
Israel zu seinem Eigentum

Rot gleitet von der Höhe der Leiter
über dein Haupt
Gleitet rosa über dein Antlitz
Gleitet weiter unter den Tanzschritt des Engels
und ruht rot

Aufkommen – Heraufkommen ferner Verheißung
Gottes im Fleisch

Erlösendes Blut des Gekreuzigten
Bundeserfüllung kündet sich an
Gott wächst dir zu von der Höhe der Leiter
ICH bin der Herr – ICH werde dich segnen
ICH werde meine Verheißung erfüllen
Der Engel des großen Ratschlusses
hat die Leiter verlassen
Kommt über dich
mit gewaltigen Schwingen
Schaut über dich fort Seinen Tag

Geheimnis über Geheimnis
Wenn die Zeit voll ist
wird der Gott Jakobs als
Sohn Jakobs im Fleische erscheinen

Du hast Gott geschaut – Jakob
und bist am Leben geblieben
Du hast Gott geschaut – Jakob
und hast Gottesleben empfangen

Eine tönende Saite ist Jakob
wie die schwingende Leiter
Gott hat dich angeschlagen
Auf dir singt er das Lied seines Erbarmens

Israel – Geheimnisträger der Verheißung
Siegel des Bundesgottes
Brautführer Israels
Gepriesen sei Israels Gott

den kleinen Kinderfüßen strecken sich Beine. Die
elt. Sie können sich
kleinen beweglichen
Stellung der großen
Ärmchen: Das Kind
der Krippe liegt, der
erlösen wird.

t Augen, die schon
ind. Die erhobene
eibt doch nur offen
Ja reicht von der
hwerdung aus ihr
en des zum Tode
die uns den Hei-
len hier eins. Sie
Gekreuzigten auf

innt unsere Er-
ir auch an Weih-
hung des Herrn.

en.

Kind und der gekreuzigte Mann Jesus von Nazaret lassen sich nicht mehr scheiden. Unter der kleinen Kinderhand wird eine andere sichtbar. Die ist groß. Ein Nagel ist durch die Handwurzel getrieben. Die ist gekreuzigt. Unter

25

# Da überkam sie eine große Freude

## Epiphanie, Anbetung der Magier, Hitda-Codex aus Meschede, um 1020

Nur ungebrochenem Glauben verschmilzt Himmel und Erde, Oben und Unten, Sichtbares und Unsichtbares zu einem nahtlosen Ganzen. – Das ganzseitige Bild aus dem Evangeliar der Äbtissin Hitda von Meschede ist uns auch heute noch eine lebendige Predigt über das Evangelium von der Anbetung der Weisen.

An einem pupurvioletten Nachthimmel prangt einsam und prächtig ein goldener Stern über einem verschneiten, nachtstillen Land. Von einem Hügel halb verdeckt, ragt rechts eine langschiffige Basilika hervor, an die ein wuchtiger Kupptelturm mit Seitenschiff angebaut ist. Dreiviertel der Bildfläche holt uns ins Innere der Erde. Wie eine Girlande hängt die eingesäte Saat als »sterbendes Samenkorn« in die purpurne Höhle. Rechts reichen die Pfeiler des Gotteshauses bis hinab an den Thronsitz, der graublauem Gestein aufruht. Stern, Gotteshaus und Höhle bleiben aufeinander bezogen.

MAGI·
SCĀ MARIA

Wir werden von Tiefe zu Tiefe gelockt: Von der tiefen Mitternacht eines verhangenen Himmels mit einem einzigen Stern zur verschwiegenen Tiefe verschneiter Erde – bis hinein in ihren verborgenen Schoß, der gleicherweise die Toten wie den Samen alles Lebendigen aufnimmt. Ort voller Geheimnis. Der Künstler wählt ihn zum Schauplatz der Epiphanie, »der Erscheinung des Herrn«, wie die feiernde Kirche das Festgeheimnis dieses Tages benennt. An den beiden folgenden Sonntagen entfaltet sich dieses Aufleuchten Gottes unter uns Menschen in der Taufe Jesu und in der Brotvermehrung. Es geht hier also nicht um eine reizvolle Geschichte aus dem vorderen Orient, sondern um eine zentrale Botschaft des Messias-Königs an uns.

Matthäus berichtet von drei Magiern, die aus dem Osten nach Jerusalem kommen, weil sie einen Stern aufgehen sahen, der nach ihrem altorientalischen Glauben die Geburt eines Gott-Königs anzeigte. Sie erfragen bei Herodes und den Schriftgelehrten den Weg und finden in Betlehem das Kind und seine Mutter. Da überkam sie eine große Freude. Sie fielen nieder und huldigten ihm (vgl. Mt 2,2ff). Einen Stern, ein Haus, ein Kind und seine Mutter – das gibt es alle Tage und überall. Aber dies hier ist mehr.

Hatte nicht schon der Prophet Bileam den Stern,

der in Jakob aufgehen wird, geschaut (Num 24, 17)? Besangen nicht schon die Psalmen Israels die Könige von Tarschisch und von den Inseln, die Könige von Saba und Seba, die herbeikommen werden, um dem Messias-König zu huldigen (Ps 72,10–11)? Hinter dem kleinen Menschenkind und seiner schlichten Mutter verbirgt sich der Heiland der Welt. – Der Künstler übersetzt das Wissen des Herzens ins Schauen, ins Sehen der Augen. Da zerreißt die Nebelwand. Was eben noch verhüllt, alltäglich und bedeutungslos schien, entfaltet auf einmal jenseitigen Glanz und erhabene Schönheit.

Auf einem kostbaren Thron mit Fußbank sitzt sehr aufrecht und weiß gewandet die Gottesmutter. Ihre Linke umfaßt eine Schriftrolle. Ihre Rechte liegt wie ein Schutzschild vor dem Mannkind auf ihrem Schoß. Ihr verhülltes Haupt umkreist ein großer, goldener, perlengerandeter Heiligenschein. Ihr waches Gesicht mit den sinnenden, großen Augen ist auf die drei Männer gerichtet, die geradezu stürmisch auf den kleinen Gott-König mit der goldenen Kreuzmandorla und der Purpurtoga zugehen. Mit ausladender Gebärde bringen sie ihre Gaben. Erwartungsvoll und gläubig suchen ihre offenen Augen die Augen des Herrn, dessen Rechte sich im Segensgestus ihnen entgegenstreckt. Sie sind angenommen. Sie sind am Ziel.

Nichts war umsonst. Sie waren Magier: Priester-astrologen, die den Himmel nach seinen Wahrheiten für die Menschen absuchten. Was am Himmel geschah, hatte nach ihrem Glauben seine Entsprechung auf Erden. Heute würden wir sagen, sie hatten die Explosion einer Super-Nova beobachtet. Die gefundene Wahrheit schickt sie auf den Weg in die Fülle der Wahrheit. In diesem »neugeborenen König der Juden« hatten sie sie gefunden. Als Suchende waren sie aufgebrochen. Als Glaubende kehren sie heim. Auf einem anderen Weg, wie die Schrift sagt. Mit ihrem Glauben, mit ihrer Nachfolge hatte auch schon ihre Verfolgung begonnen.

Wir finden uns selber wieder in der Geschichte der Magier. Auch wir gehören zu den Heiden und Fremden und nicht zu Gottes auserwähltem Volk Israel. Aber auch wir sind nicht ausgeschlossen von Gottes Erbarmen. Denn Israels Messias-König ist der ganzen Welt Retter. Auch uns holt Gott ab, wo wir sind: In unserem jeweiligen Lebens- und Arbeitsbereich. Auch unser Suchen nach Sinn und nach Wahrheit wird uns eines Tages aufbrechen lassen in die Stern-Stunde unseres Lebens: in die Begegnung mit Gott. Unser Leben wird anders sein nachher, weil wir selbst andere wurden. Weil jetzt Gottes Geist und Leben Macht über uns hat. Weil wir glauben. Weil nicht mehr Mächte, Zwänge und Zufälle unser Leben bestimmen. Weil wir zutiefst wissen, es ist immer der Herr. – Er lockt uns nicht nach Betlehem und holt uns nicht an sein Kreuz, damit wir nachher nur umso verlassener sind. Der Herr hat uns die Spur gelegt, damit wir ihm durch Leben und Sterben hindurch in seine Herrlichkeit folgen.

Man kann auch Gottes Wegzeichen meiden. Man kann sich auch wissend dem Risikoleben der Nachfolge entziehen. Man kann auch den Glauben verweigern: wie die Gelehrten Jerusalems, die aus ihren Heiligen Schriften den Fremden die an einen Stern geknüpfte Verheißung bestätigen und die Männer nach Betlehem weisen. Die Gelehrten Jerusalems selbst werden den von ihnen beglaubigten König der Juden später an den Hinrichtungspfahl bringen. Auf der Anklagetafel über dem gekreuzigten Herrn wird wiederum stehen: *Jesus König der Juden.* Herodes aber, der um seinen Thron bangt, antwortet sofort: mit einem Mordbefehl an allen Kindern unter zwei Jahren.

Mit Gottes Erscheinen im Fleische beginnt auch seine Leidensgeschichte und die Leidensgeschichte derer, die ihm nachfolgen wollen bis in den Tod, bis in die Auferstehung von den Toten, ins Paradies. – Was bezaubernd begann, wird zur harten Herausforderung: Wir müssen uns vor den drei Weisen entscheiden. Wenn wir uns in die Prozession der Gottsucher einreihen, werden wir ihn irgendwann finden. Denn er wartet auf uns. Er erwartet uns voller Liebe. Jede Liebe, auch die des lebendigen Gottes, kann nur Angebot sein. Auf Liebe kann man nur mit Liebe, mit Vertrauen, mit Glauben – oder mit Absage antworten. Denn auch das ist möglich: Wir verdrängen das Suchen und Wissen. Wir opfern Gott unseren Götzen: unserer Karriere, unserer Sicherheit, unserem Wohlstand. Wir verkaufen den unvergänglichen Himmel bei Gott für einen allezeit bedrohten Himmel bei uns.

Wir können weder in der Höhle noch im Schauen verweilen. Das Gotteshaus wartet auf uns. Auch dort ist die Wirklichkeit ganz – aber anders. Dort ist sie hineinverdichtet in Gottes Wort, ins Zeichen, ins Sakrament. Auch dort ist der Herr da. Er spricht zu uns. Er ißt mit uns. Er teilt sich selbst aus als Grundnahrung unseres Lebens. In der Eucharistiefeier stehen wir in seinem Tod und seiner Auferstehung. Dort werden wir selber zu Zeugen seiner Liebe.

Auch wenn wir die Kirche verlassen, ist der Herr da – wiederum anders. Alles kann uns zum »Stern« werden und Gottes Nähe verkünden. Aber wir müssen sehr wach sein, weil er sich hinter den Zeichen versteckt. Lebenslang dürfen wir suchen und finden. – Und sie überkam eine große Freude.

# Wenn du wüßtest

## Christus und die Samariterin am Jakobsbrunnen, Bernwardssäule, Hildesheim, um 1020

Jesus war ermüdet von der Wanderung und ließ sich darum am Brunnen nieder. Da kam eine samaritanische Frau, um Wasser zu schöpfen. Jesus sagte zu ihr: »Laß mich trinken«. Die samaritanische Frau sagte zu ihm: »Wie kannst du als Jude eine Samariterin um Wasser bitten?« Die Juden haben keine Gemeinschaft mit den Samaritern. Jesus antwortete ihr: »Wenn du wüßtest, was Gott gibt, und wer er ist, der zu dir sagt: Laß mich trinken, dann hättest du ihn gebeten, und er hätte dir lebendiges Wasser gegeben«. (Joh 4,6f.9f)

Der Herr im Gespräch mit der Samariterin am Jakobsbrunnen auf der Bernwardssäule hat etwas von einem »stehenden Bild«: Handlung und Ruhe halten sich die Waage. So wird nicht nur der Erzählfluß ins Bild gebracht; auch die verschiedenen Ebenen des Sprechens und Hörens werden geahnt. Ein Brunnengespräch, wie es sich an einem Brunnen ergibt, wenn einer müde und durstig ist und selber kein Schöpfgefäß hat. Was so alltäglich scheint wie das Sprechen über Wasser und Durst, wird schon durch die übergroße Christusgestalt ins Bedeutsame, zur messianischen Aussage erhoben.

Der Herr sitzt sehr aufrecht auf einem Steinhaufen. Nicht als müder Wanderer, sondern in der wachen Haltung eines Verkünders. Kreuzmandorla und Evangelienbuch weisen ihn aus. »Ich weiß, daß der Messias kommt, der Christus genannt wird«, wird die Samariterin im Lauf des Gesprächs sagen, und Jesus wird ihr antworten: »Du sprichst mit ihm: Ich bin es« (Joh 4,25f). Seine Augen blicken aus dem Bild heraus. Es sind schauende Augen, die ferne Zukunft ins Jetzt holen. Die redende Rechte wendet sich der Frau zu: eine feste Hand, die das Wort unterstreicht und gleichzeitig einlädt. Der Mund ist zwischen zwei Sätzen geschlossen. Man sieht ihm an, daß er redet »wie einer, der Vollmacht hat« (Mt 7,29). In den Mundwinkeln versteckt sich ein erlösendes Lächeln.

Auf der anderen Seite des Brunnens steht auf dem gleichen gefurchten Grund die samaritanische Frau: klein, fast zart, in einer langen Tunika mit weiten Ärmeln. Die ein wenig eingeknickten Knie verraten, daß sie unsicherer ist, als die Hand mit dem Schöpfgefäß und der aufrechte Oberkörper vermuten lassen. Sie schaut wach und gespannt

auf den Herrn. Eine Frau in mittleren Jahren, die weiß, was sie will, was sie darf und was sie getan hat. Ihre Linke ist erhoben. Der Daumen ist angewinkelt, als formte ihre Hand unbewußt eine Ohrmuschel. Es ist lebenswichtig, was sie da hört.

Mit der schlichten Bitte um einen Trunk Wasser beginnt der Herr das Gespräch. Anfangs reden sie aneinander vorbei. Die Frau versteht unter Wasser nur Wasser. Das »lebendige Wasser«, von dem der Fremde spricht, »das den Trinkenden nicht mehr durstig macht, sondern ihn selbst zur Quelle werden läßt« (4,13), ist für die Frau zunächst nichts als eine wunderbare Lebenserleichterung: »Herr, gib mir dieses Wasser, damit ich nicht mehr durstig werde und nicht mehr hierher kommen muß, um Wasser zu schöpfen« (4,15). Erst, als der Herr ihr sagt, daß sie schon fünf Männer gehabt habe, wird sie hellhörig: »Herr, ich sehe, daß du ein Prophet bist« (4,19). Da beginnt sie mit einem heilshungrigen Herzen zu fragen und zu hören.

Die knisternde Stille auf dem Bild fängt vielleicht gerade den Szenenwechsel ein, da die Jünger, vom Einkaufen zurück, erstaunt sind, daß ihr Meister mit einer samaritanischen Frau spricht. Hinter dem Herrn schaut – im Ausschnitt kaum sichtbar – ein Jüngerkopf vor. Die Frau aber setzt den Wasserkrug am Brunnenrand ab und eilt in den Ort, um die Leute zusammenzurufen: »Kommt, dort ist ein Mann, der mir alles gesagt hat, was ich getan habe. Ist er vielleicht der Messias?« (4,29).

Ein Brunnengespräch, das so gewöhnlich beginnt, wie es eine Zufallsbegegnung ergibt. Ein Brunnengespräch, das ins ewige Leben hineinführt; in dem alle Worte als Metaphern messianischer Heilszeiterfüllung gebraucht werden: Wasser, Quelle, Durst, Trinken. Dürfen wir nicht miterleben, wie die Frau schon von dem lebendigen Wasser erfüllt wird, weil sie zu glauben beginnt? – Wenn du wüßtest! »Wer an mich glaubt, aus dessen Innern werden Ströme lebendigen Wassers hervorfließen« (Joh 7,38).

# Was ist Wahrheit?

## Geißelung, nordenglische Buchmalerei, Oxford, um 1170

Pilatus sagte zu ihm: »Also bist du doch ein König?« Jesus antwortete: »Du sagst es; ich bin ein König. Ich bin dazu geboren und in die Welt gekommen, daß ich für die Wahrheit Zeugnis ablege. Jeder, der aus der Wahrheit ist, hört meine Stimme.« Pilatus sagte zu ihm: »Was ist Wahrheit?« – Darauf ließ Pilatus Jesus geißeln. (Joh 18,37–38a; 19,1)

Im großen Welttheater wechseln nur die Akteure, werden nur die Rollen getauscht. Jeder von uns hat schon einmal Richter gespielt und mit seiner Zunge gegeißelt. Jeder hat sich schon einmal verraten gefühlt. Jeder ist schon irgendwann einmal Opfer gewesen. Wir alle wissen von Anfechtung, Versagen und Schuld aus Erfahrung. Nur einer ist in aller Anfechtung ohne Sünde geblieben. Der hat die Schuld der ganzen Welt zu der seinen gemacht. Damit wir schuldfrei leben können, ist er aus Liebe zu uns am Schandpfahl gestorben: Jesus, der Christus. Die Zeugen von damals verschweigen nicht die Leidensphasen unserer Er-

lösung. Die Geißelung ist nur ein Punkt auf dem Programm der Richter und Schergen: eine Routineanweisung. Sinnlos dahinbefohlen; denn Pilatus hielt Jesus für unschuldig. Er wollte ihn freilassen, wenigstens im Austausch gegen einen Verbrecher. Bis auf die Anklagetafel hinauf läßt ihn das Königsbekenntnis dieses Jesus nicht los. Die Wahrheit, um die es in diesem Verfahren, um die es diesem Verklagten allein ging, scheint dem Richter sehr relativ. Seine Entscheidungen nachher nehmen seiner Frage den Ernst. Vielleicht war schon im Tonfall ein »Was-ist-schon-Wahrheit?« – Bei dieser Geißelung ging es nicht einmal um ein Geständnis, das erpreßt werden soll. Oder ist es gerade das Zeugnis der Wahrheit, das weltenzeitlang irgendwo Menschen mit Foltermethoden aus Menschen austreiben wollen?

Die nordenglische Buchmalerei ist uns erschreckend gleichzeitig. Auf dem Ausschnitt drittelt die Geißelsäule das Bild. Die Horizontale teilt es noch einmal. Vor dem nachtblauen Horizont tanzen die Geißelriemen mit den roten Skorpionköpfen aus Eisen von rechts und von links. Fast spielerisch halten die Hände des Schergen den Schaft. Sein Oberkörper macht eine Drehbewegung, weil die Arme zum Schwung ausholen. Sein Gesicht schaut blind und brutal auf sein Opfer. Es ist nicht das erste und wird nicht das letzte sein. An einem Gefesselten kann man sein Mütchen gut kühlen. Bis zum Hals steckt der Mann im blutigen Rot. Jesus bleibt nur ein Drittel der Fläche. Gewaltlosen wird nirgends viel Platz eingeräumt. Gewaltlose sind zum Opfer gezeichnet. Henker bestimmen ihnen den Ort für Hände, Füße und Haupt.

Der Pfahl trennt zwei Welten. Rot und Grün sind Komplementärfarben. Im grausigen Schlagzeugrhythmus auf dem Rücken des zerschlagenen Herrn werden sie wieder eins im ungebrochenen Weiß. Der blasse und blutleere Körper vor dem warmen Grün spricht davon. Nur ein violetter Lendenschurz ist um seine Hüften geschlungen. Sonst ist er nackt. Die ausgestreckten Arme sind an den Pfahl gefesselt. Die Hände sind wehrlos offen, eine ohnmächtige Einladung – auch an den Schergen. Das Gesicht ist uns zugewandt. Eine Augenbinde macht die Gestalt noch hilfloser. Ohne die Kreuzmandorla bliebe der Mann anonym. Oder umgibt seine Mandorla alle Gefolterten? Und – gehören die Folterer aller Zeiten – auch wir – zu diesem da, der den Herrn geißelt, dem der Herr seine offenen Hände hinhält? Der Mund schweigt. Das letzte vor dem Aushauchen wird ein Schrei sein. Sein schauerliches Echo dringt bis zu uns hin. Auch sein Schweigen vermag das. Christen leben als Zeugen seiner Wahrheit. Sein Weg hat uns die Stationen und Verhaltensmuster der Nachfolge markiert.

»Was ist Wahrheit?« fragt Pilatus und liefert sie zur Geißelung, später zur Hinrichtung aus. Seit es Menschen gibt, berufen sich Menschen auf Wahrheiten, verkünden sie Wahrheiten – oder was sie dafür halten; verwalten sie Wahrheit. Im Johannesevangelium (14,6) steht die Aussage, daß Christus nicht nur eine Wahrheit verkündet, sondern selbst die Offenbarung der verkündeten Wahrheit ist. »Ich bin die Wahrheit«, sagt dieses Selbstzeugnis. Dann umschließt der Herr alle Wahrheit. Dann bündelt sich alle unsere kleine und große Wahrheit leibhaftig in ihm. Dann richtet Christus alle verkündete Wahrheit und weist ihr den Platz zu. Dann können sich Christen nur an Christus orientieren in ihrer lebenslangen Suche nach Wahrheit. Dann gibt es in allem Vorläufigen und Bedingten Gültiges, das auch keine Folterung ungültig macht, das auch keine Hinrichtung aus der Welt schaffen kann: weil die Welt aus ihr lebt. Dann wird diese Geißelsäule mit dem gefesselten Herrn zum Sendemast für das gewaltlose und todüberwindende Zeugnis der Wahrheit. »Wer aus der Wahrheit ist, hört meine Stimme« (Joh 19,1).

# Da seht den Menschen

## Dachau-Christus von Kyrilla Spiecker, 1967

»Jesus kam heraus; er trug den Dornenkranz und den purpurroten Mantel. Pilatus sagte zu ihnen: ›Da, seht den Menschen!‹« (Joh 19,5). Auch jetzt rettet sich der um seine Macht besorgte Richter, wie bei der Wahrheitsfrage, in den billigen Spott. Auch beim »ecce-homo« macht der Ton die Musik. Der Ton verändert sie auch.

Den einen ist der Gefolterte zum Nicht-Menschen entstellt, was seine Beseitigung rechtfertigen hilft. Den andern erschließt sich gerade im erniedrigten, mißhandelten, entäußerten Menschen seine innere Würde. Er wird zum exemplarischen Menschen. Warum sonst hat das Mittelalter immer wieder den Schmerzensmann gestaltet, hat das gläubige Volk ihn verehrt?

Pilatus hat mit seinem »ecce-homo« mehr gesagt als er meinte, mehr als er wußte. Denn dieser Mensch Jesus wird für alle Menschen, die sich zu ihm bekennen, zum Modell Mensch. Er wird in der Auferstehung unser Menschsein vollenden. Wir sollen nicht unfertig bleiben. Jeden von uns möchte der Herr mit seinem Auferstehungsleben vollenden. Seit Gott unser Antlitz trägt, gibt es kein Menschengesicht, in dem er nicht vorkäme. Seit Gott jedes einzelnen Sünde auf sich genommen hat, kann nicht einmal Schuld verhindern, ihm ähnlich zu sein. – Als einer von dreien, zwischen zwei Galgenbrüdern, ist er gestorben: uns gleich bis ins Scheitern, bis in die Schande der Hinrichtung.

Solche Solidarität mit jedem von uns reicht tiefer als unsere Augen. Sie reicht in die Abgründe unseres Lebens. Sie verwandelt die Abgründe. Denn Gott ist anwesend. Er ist in uns der Mitleidende, der Miterniedrigte, er der Mitgefangene, er der Mitgefolterte, er der Mitsterbende. Unser Einzelschicksal ist in sein Erlöserleiden verwoben. Unsere Kommunion mit dem Herrn reicht über das Kommunizieren hinaus. Gottes Kommunion mit uns entgrenzt unser Leben ins Teilhaben an Gottes Leiden und Leben.

Der Dachau-Christus steht für die Ausgetauschten: Ich in euch und ihr in mir! Darum ist er kahl geschoren wie ein KZ-Häftling. Darum trägt er als Dornenkrone den Stacheldrahtkranz. Spuren der Folterung überall. »Roh und grausam wollen wir mit ihm verfahren, um seine Sanftmut kennen zu

lernen und seine Geduld zu erproben. Zu einem ehrlosen Tod wollen wir ihn verurteilen« (Weish 2,19–20). »Laßt uns dem Gerechten auflauern! Er ist uns unbequem und steht unserem Tun im Weg. Er ist unserer Gesinnung ein lebendiger Vorwurf, schon sein Anblick ist uns lästig« (2,12. 14). Solange Mächtige ihre Macht Gerechtigkeit nennen, werden die Gerechten ihr Opfer: »Unsere Stärke soll bestimmen, was Gerechtigkeit ist; denn das Schwache erweist sich als unnütz« (2,11). Die Weisheit Israels konnte nicht ahnen, wie sehr ihre Worte auf den Retter Israels passen. In ihm ist alles entsetzliche Sterben und Sterbenmachen in Gottes Erbarmen gelangt.

Dieser Dachau-Christus macht sich zur Stimme aller Gefolterten aller Zeiten und Rassen: »Ich wehrte mich nicht und wich nicht zurück. Ich hielt meinen Rücken denen hin, die mich schlugen. Mein Gesicht verbarg ich nicht, als sie mich verhöhnten und bespuckten. Doch Gott der Herr wird mir helfen« (Jes 50,5–7). – Dieses erschöpfte und gemarterte Antlitz rebelliert nicht und resigniert nicht. Es leidet fremde Schuld auf. Sein Aushauchen wird unser erster Atemzug sein. Die Richter sind blind. »Sie verstehen von Gottes Geheimnis nichts« (Weish 2,22). Gottes Sohn stirbt, und der Mensch aus Gott wird geboren. Geheimnis des Glaubens.

# Und sie erkannten ihn

## Emmaus, Tuschezeichnung von Roland Peter Litzenburger, 1950

Vielleicht möchten wir umblättern: Was soll solche Verdrahtung! Eine Zeichnung ist schließlich kein Kreuzworträtsel. Und wenn sie gar mit den Emmausjüngern zu tun hat, dann möchten wir lieber Rembrandts Mahlszene in Emmaus als solch ein Tusche-Zeichen-Labyrinth. – Oder möchte uns der Künstler aus dem Allzugewohnten, Allzugewußten herauslocken, damit wir selber auf Spurensuche gehen und Vertrautes wie zum ersten Mal hören? Damit wir selber zu Jüngern werden, deren Herz fragt und hört und brennt, um, am Ende erleuchtet, den Herrn zu erkennen und seine lebendige Gegenwart weiterzusagen: Er lebt! Nichts ist zu Ende!

Lukas berichtet: »Sie drängten ihn und sagten: Bleib bei uns; es wird bald Abend, der Tag hat sich schon geneigt. Da ging er mit ihnen hinein, um bei ihnen zu bleiben. Und als er sich mit ihnen zum Essen niedergesetzt hatte, nahm er das Brot, sprach den Segen, brach es und gab es ihnen. Da gingen ihnen die Augen auf, und sie erkannten ihn« (Lk 24,29–31). Das scheint durchsichtig und einleuchtend.

In unserer Zeichnung aber scheint zunächst alles unklar, verwirrend, mehrdeutig. Man findet sich nicht zurecht. Man versucht Oberfläche abzutasten – aber da ist gar keine. Da fehlt einfach die Haut; da fehlen die Knochen, die Muskeln. Überall gerät man ins Leere. Oder nur tiefer? – Die moderne Medizin hat eine Technik entwickelt, mit der sie das gesamte Blutgefäßsystem darstellen kann. Wir können das Herz sehen. Wir können das Adernetz bis in seine feinsten Verästelungen verfolgen.

Vielleicht sollen wir auch hier in die Menschen hineinschauen können, will uns der Künstler in dieser Emmausbegegnung Inneres mitteilen. Er versucht zeichnerisch, was die Angiographie mit Hilfe von Kontrastmitteln und Röntgenstrahlen erreicht. Das entstandene Bild ist nicht das Innere selbst. Die Augen müssen das Sichtbargemachte zurückübersetzen in die Wirklichkeit des Unsichtbaren.

Wie Röntgenfilme im durchscheinenden Licht angeschaut und beurteilt werden müssen, so brauchen wir den Lukastext als Lichtquelle zum Schauen.

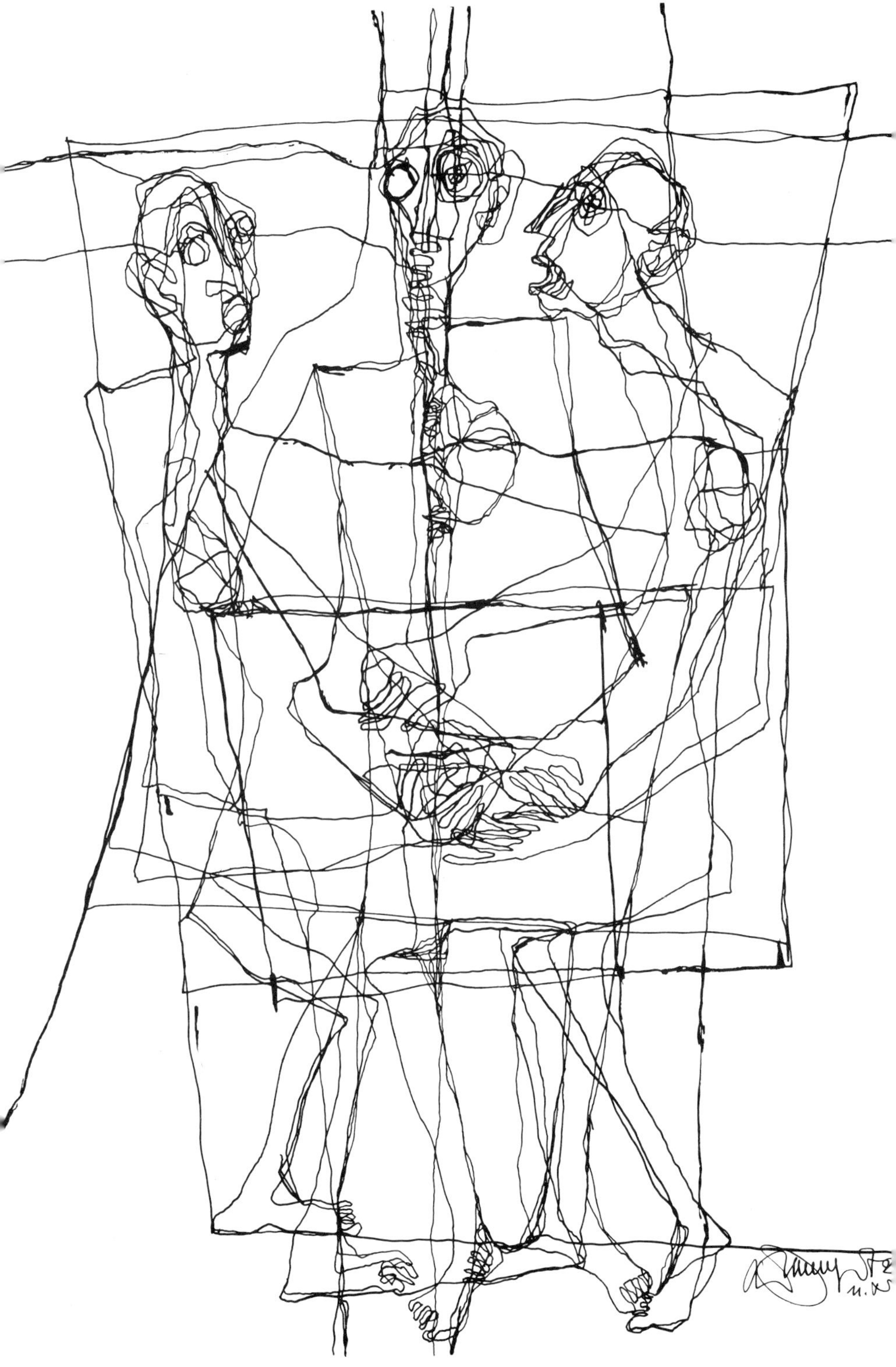

Wenn drei unterwegs sind und einkehren und den dritten als ihren Gast bitten, mit ihnen zu essen – was ist das schon Besonderes in einem Gasthaus? Der Wirt war sicher kein bißchen erstaunt über die drei. Nach ihrem Aufbruch war der Tisch sicher bald wieder mit neuen Gästen besetzt. Wir aber sollen mehr sehen, als der Wirt aus der Perspektive seines Gewerbes zu sehen vermochte.

Drei Gestalten können wir ausmachen. Die mittlere ist uns zugewandt. Die beiden andern sitzen einander gegenüber. Immer wieder kann das Auge Rechtecke nachziehen. Das äußere Geviert wirkt wie eine Umzäunung: Die Wände des Innenraumes, die das Zusammen im Mahl ermöglichen, sind in die Fläche übersetzt. Ein zweites Geviert markiert den gemeinsamen Tisch. Darauf ein verwirrendes Ineinander von Händen. Das innerste Viereck bildet der Oberkörper des Herrn. Hier ist die geheimnisvolle Mitte, die sammelt und strahlt. Hier pulsiert sein riesiges Herz. Hier geschieht die communio mit dem Erhöhten. – Ein Koordinatenkreuz durchschneidet die Zeichnung in der Horizontalen und Vertikalen. Es durchschneidet den Herrn und die Jünger. Hinter dem Kopf des Herrn ragt noch einmal ein Kreuzpfahl heraus. Wie der Querbalken, der hinter den Köpfen verläuft, durchbricht er die umschließenden Grenzlinien. Auch die Füße, die sich bald auf den Weg machen werden, um Ostern zu künden, lassen sich schon jetzt nicht mehr in den Innenraum zwängen. Das Kreuz aber ist nach oben und unten, nach Ost und West offen, weil seine Botschaft den ganzen Erdkreis umspannt.

Wir müssen den Faden zurückspulen, damit wir den erregenden Phasenwechsel ermessen. – Als die zwei von Jerusalem aufbrachen, war ihr Herz traurig. Ihre Gespräche umkreisten den Kreuzestod ihres Meisters, von dem sie gehofft hatten, daß er Israel erretten würde. Nun war er tot. Beiseite geschafft wie ein Frevler. Sie hatten ihre Hoffnung zu Grabe getragen. Unterwegs war ein Mann zu ihnen gestoßen, der sah alles anders. Der sah in all dem Schrecklichen, was sich ereignet hatte, nur die Bestätigung der Propheten: »Mußte nicht der Messias all das erleiden und so in seine Herrlichkeit eintreten?« (Lk 24,26). Dann, als der Fremde sich verabschieden wollte, hatten sie ihn gebeten, ihr Gast zu sein, und er war mit ihnen eingekehrt. – Aber beim Segnen und Brechen des Brotes geschah es: Da erkannten sie ihn. Der Fremde, das war gar kein Fremder, das war ihr Herr und ihr Meister. Als sie das begriffen hatten, war er ihren Augen entschwunden.

Jetzt ist der Augenblick, da es geschieht. Wir gewahren ihr zitterndes Herz. Der linke im Bild sitzt wie erstarrt da. Seine Füße sind auseinander gegangen und liegen plan auf, während die Zehen zusätzlich nachprüfen, ob sie Boden unter sich haben. Seine linke Hand streckt sich dem Unterarm des Gefährten entgegen. Er muß sich vergewissern, daß er nicht träumt. Mit offenem Mund und aufgerissenen Augen schaut er weder den Herrn noch den Bruder an. Der andere tastet mit seinen Zehen die Ferse des Herrn ab. Es darf doch kein Spuk sein. Es hat ihm die Sprache verschlagen. Mit offenem Mund und vorgestrecktem Hals scheint er in Luftnot. Auch seine Rechte sucht handfeste Wirklichkeit und greift nach dem Arm des Gefährten. Der Herr schaut durch alles hindurch und umgreift schauend die Zeit und die Ewigkeit. Ich suche nach seinen Armen. Entspringt sein rechter am Kreuzbalken? Zwei Hände umschließen das Brot. Aber sind es die seinen? Ich zähle vier Hände. Oder sind seine Hände die Hände der Jünger geworden, die, solange die Welt in dieser Gestalt währt, in seinem Auftrag das Brot segnen und brechen sollen? Signalisieren die unsichtbaren Hände schon den Aufbruch ins Unsichtbare, ins Glauben?

Als ihnen die Augen aufgingen, war er nicht mehr zu sehen. Als ihr Herz wußte, es ist der Herr, war der Osterglaube in ihnen begründet. Noch in derselben Stunde brechen sie nach Jerusalem auf und berichten, wie sie ihn erkannt hatten, als er das Brot brach. Ihre eigene Glaubenserfahrung in

Emmaus macht sie zu Verkündern des Glaubens, zu Zeugen des Auferstandenen.

Da spießt noch ein Draht diagonal aus der Zeichnung heraus. Will er uns auffordern, Kontakt herzustellen? Damit auch wir, angeschlossen an den Stromkreis zwischen den dreien, selber vibrieren vom lebendigen Herrn: glauben – künden – teilhaben.

Deinen Tod, o Herr, verkünden wir, und deine Auferstehung preisen wir, bist du kommst in Herrlichkeit.

# Wer bist du, Herr?

## Bekehrung des Paulus, Farbholzschnitt von Thomas Zacharias, 1966

Saulus wütete immer noch mit Drohung und Mord gegen die Jünger des Herrn. Als er sich bereits Damaskus näherte, geschah es, daß ihn plötzlich ein Licht vom Himmel umstrahlte. Er stürzte zu Boden und hörte, wie eine Stimme zu ihm sagte: »Saul, Saul, warum verfolgst du mich?« Er antwortete: »Wer bist du, Herr?« Dieser sagte: »Ich bin Jesus, den du verfolgst«. (Apg 9,1.3–4)

Wer Saulus war, wußte man in Jerusalem und Damaskus: ein Pharisäer, der für das Gesetz eiferte; von den Hohenpriestern geschätzt und von den Anhängern »des neuen Weges« gefürchtet. War er nicht unterwegs, um sie in Damaskus aufzuspüren, zu fesseln und nach Jerusalem zu bringen?

Die Komposition ist zwiefach geteilt: von oben nach unten und noch einmal in der Horizontalen. Saulus kommt doppelt ins Bild. Der Künstler gestaltet zwei Phasen eines Geschehens: das äußere Ereignis und die Reaktion des Betroffenen. Da ist

ein Leben von Gottes Wort in zwei Hälften geteilt worden. Auch eine Lichtbahn kann Leben zerschneiden. In der Gegenbewegung von oben und unten wird die Kehrtwendung sichtbar.

Zweidrittel der Fläche füllt eine hochdramatische Szene. Blendendes Licht fällt vom Himmel. Wie vom Blitz getroffen, wirft es den dahinstürmenden Eiferer vom Pferd. Er stürzt kopfüber zu Boden, die Beine hoch in der Luft. Die Linke versucht die geblendeten Augen zu schützen, die Rechte schwingt hilflos im Leeren. Das riesige Tier, das mit einem Sprung davonrast, füllt den Raum mit Entsetzen. Saulus, hingeschleudert vom scheuenden Reittier, blind vom Licht, hat Gottes Frage und Antwort aus der Bahn seines Lebens geworfen. – Ein Unfall, ein folgenschweres Ereignis, würden wir sagen. Gott schafft sich auf vielerlei Weise Gehör. Wer wie besessen ein Ziel verfolgt, kann nicht hinhören. Er ist besetzt. Der Unfall überholt den Verfolger, der keine Zeit hat. Jetzt hat er Zeit. Jetzt hört er die Stimme, die fragt: »Saul, Saul, warum verfolgst du mich?« (Apg 9,4). Wer stellt da den Gesetzestreuen in Frage, klagt ihn gar an? Saul fragt bestürzt und geblendet zurück: »Wer bist du, Herr?«, und die Stimme antwortet: »Ich bin Jesus, den du verfolgst« (9,5). Nie mehr wird er diese Antwort vergessen; nie mehr, daß ihn blinder Eifer zum Gottesverfolger gemacht hat. Diese Christusbegegnung bleibt das

Schlüsselerlebnis seiner Verkündigung als Völkerapostel.

Im unteren Bilddrittel steht Saulus mit der ergangenen Antwort allein. Das turbulente Geschehen über ihm ist zur Kulisse geschrumpft. Wichtig bleibt nur dieses Gesicht. Das niederfahrende Licht hat es von innen her leuchten gemacht. Sauls Herz wurde erleuchtet. Es hat den göttlichen Glanz auf dem Antlitz Christi erkannt (vgl. 2 Kor 4,6). Sauls Gesicht ist uns zugewandt. Der angeschnittene Oberkörper jedoch ist schon unterwegs in die Stadt, wo ein Fremder ihm sagen wird, was er tun soll. Der da schaut, ist schon der andere Saulus. Deshalb ist jetzt auch Damaskus für ihn eine andere Stadt. Man wird ihn hinführen müssen. Hananias wird ihm die Hände auflegen, ihn taufen, ihn als Jünger Jesu den Jüngern zuführen (vgl. 9,17ff).

Noch steht er zwischen gestern und morgen, zwischen Auftrag und Auftrag. Nur eines weiß er: Sein bisheriges Leben ist tot; ein neues hat begonnen. Sein rechtes Auge ist noch weit von Entsetzen, von seinem schrecklichen Irrtum. Das linke schaut fragend und sinnend zugleich. Keine Sekunde hat er gezweifelt, daß Gott zu ihm sprach. »Ich weiß, wem ich vertraut habe!«, wird er an Timotheus schreiben (2 Tim 1,12). Die überwältigende Gewißheit seiner ersten Christusbegegnung schwingt darin nach bis auf den heutigen Tag. Der zeitliche Abstand hat ihr nichts anhaben können. Wer so jubelt, weiß, wozu es sich zu leben und zu sterben lohnt. – Der kleine Mund gleicht einer klaffenden Wunde. Er ist vom Gottesschrecken offen geblieben. Es hat ihm die Sprache verschlagen. Dieser Mund wird nur noch Christus als den Gekreuzigten und Erhöhten verkünden. Weil er glaubt, muß er reden (vgl. 2 Kor 4,12). »Und sogleich verkündete er in den Synagogen (von Damaskus) Jesus und sagte: Er ist der Sohn Gottes« (9,20).

Ob er schon ahnt, welche Last seine Erwählung ihm aufbürden wird? »Ich will ihm zeigen, wie viel er für meinen Namen leiden wird« (9,16), erfährt Hananias über Saulus im Nachtgesicht. Alles wäre anders gelaufen, wenn Saul sich Gottes Anruf verweigert hätte. Er hat aber zurückgefragt: »Wer bist du, Herr?«. So ist er zum Werkzeug der Gnade, zum Völkerapostel, zum Lehrer des Lebens geworden – auch uns.

# Alle Wege des Herrn sind Erbarmen

Elisabeth von Thüringen, Ausschnitt, Bronzearbeit von Hilde Schürk-Frisch, 1977

Es geht jeden Tag rund
Jeden Tag gleich
Ganz gleich wer ich bin
Ganz gleich was ich bin
Die Tretmühle hat nur verschiedene Namen
Jeder hat seine
Jeder kennt seine:
das Büro – die Schule – der Haushalt – die Fabrik – die Werkstatt – die Klinik – die Sprechstunde
Es geht jeden Tag rund
Ein Tag gleicht dem andern
Wenn einer mal anders scheint
dann liegt das am Wetter
an der Laune des Chefs
an der schlechten Nacht
vielleicht auch am Schnupfen – am Kopfweh
oder am Frieden oder Unfrieden im eigenen Herzen

Es geht jeden Tag rund
Das macht mit der Zeit müde
Das laugt einen aus und verschleißt:
zu müde um in der Freizeit Atem zu schöpfen
zu lahm um etwas auf die Beine zu bringen
zu kaputt um zur Besinnung zu kommen
Einmal ist »Feierabend«
Heute klingt das Wort schlecht
Nun ist man wirklich am Ende:
sterbensmüde – enttäuscht – und ohne Erwartung
fertig

Aber die hier ist anders
ganz anders
Und ist doch auch am Ende:
da wo es aufhört
wo es nicht weitergeht
Sie ist fertig
und doch bereit weiterzumachen
Die Füße verraten es
Als es auch bei ihr anfing
jeden Tag rund zu gehen
da hat sie den Kronreif abgenommen
da hat sie ihn einfach liegen lassen
Er war jetzt überflüssig und lästig
Wer dienen will muß sich oft bücken
Mit einer Krone auf dem Kopf geht das nicht
Da schaut man notwendig auf den anderen herab

ALLE WEGE DES HERRN
SIND ERBARMEN
ST. ELISABETH

Einer Fürstin mit Kronreif nimmt man ihr »Schwester« nicht ab
Zu einer Fürstin mit Kronreif sagt man nicht »Schwester«
Jetzt brauchte sie nichts als ihre fünf Sinne ihre Füße ihre Hände ihr Herz

Da steht sie nun am Ende und lächelt und staunt
und ist erwartungsvoll glücklich
Dabei hängen ihr die Arme todmüde herab
und die Hände sind leer
Sie zeigt ihre leeren Hände wie eine Kostbarkeit vor
Wir verstecken unsere Hände
wenn sie so leer sind
Jemand hat ihr den Kronreif
wieder vor die Füße gelegt
Sie hat es gar nicht gemerkt
Als »Krone des Lebens« liegt er bereit
zur Krönung
Die Buchstaben ihres Namens laufen abwärts
damit sie verschwinden können
damit sie austauschbar bleiben
*Elisabeth* – der Name macht es nicht
Aber was über ihr eingeschrieben ist
in das Labyrinth ihres Lebensweges
das gilt – auch für uns
*Alle Wege des Herrn sind Erbarmen*

War denn wirklich alles Erbarmen
was sie durchlebt und erlitten hat
Waren es Wege des Herrn
die sie in den Widerstand trieben
weil sie nicht mitansehen konnte
wie Menschen Menschen Wege ungehbar
Leben unlebbar machen
Wie Menschen auf Menschen herumtrampeln
um weiterzukommen
Wie Menschen über Köpfe von Menschen
zur Macht steigen
Wie Menschen Menschen quälen
und es sich auf Kosten von Menschen bequem
machen

Elisabeth – königlichen Geblütes –
hat offene Augen und ein hellwaches Herz
Sie sieht das Unrecht und widersteht ihm
Die Liebe des jungen Landgrafen
billigt ihren anstößigen Einsatz
Die junge Witwe wird zur herausfordernden
Anklage
Sie paßt sich nicht an
Lieber läßt sie sich von der Wartburg vertrei-
ben
Lieber läßt sie sich ihrer Witwengüter berau-
ben
Enterbt gehört sie jetzt selbst zu denen
die Unrecht erleiden und dient ihnen
bis ihr Leben im frühen Tod ausgeschöpft ist

*Alle Wege des Herrn sind Erbarmen*
Sie muß es wissen
Sie kann uns Aufschluß geben
Sie kann uns mitnehmen in ihr Geheimnis
Diese Frau ist auf ihrem Lebensweg
immer dem Herrn begegnet
Sie hat ihn auf allen Wegen gesucht
Sie hat ihn in den Ausgestoßenen und Armen
erkannt
Wenn der Herr anwesend ist
werden die Wege der Menschen Wege des
Herrn
Sein Weg war ein schrecklicher Weg
Sein Weg hat am Kreuz aufgehört
Am Ende des Weges hat er uns auch
zu Ende geliebt
Da ist unsere Schuld mit ihm gestorben
Da hat seine Liebe uns mitgerissen
in den Schoß des Erbarmens
in das Innerste Gottes
ins unzerstörbare ewige selige Leben bei Gott
Alle Wege des Herrn sind Erbarmen
Denn er selbst ist der Weg und das Ziel

Wie kann sie so glücklich ausschauen
wenn die Füße wund der Leib müde
und die Hände ganz leer sind
Man hat sie doch erniedrigt gedemütigt
fertig gemacht
Und da steht sie nun und lächelt und staunt

Sag uns dein Geheimnis
Auch wir möchten am Ende so lächeln
Vielleicht sagst du:
Wenn das Herz liebt macht es sich auf den Weg
zu dem den es liebt
Wenn das Herz liebt denkt es nicht an den Weg
nicht an die eigene Schwäche und alle Strapazen
Die Füße bringen ja weiter
Wer liebt läuft
Da wartet einer auf mich
Da braucht mich jemand
Da finde ich meinen Herrn
Die Hände dürfen ganz leer sein
Ich bringe mich selbst
Das ist alles

Auf allen Straßen
ist sie ihrem Herrn entgegengelaufen
Nicht an den Menschen vorbei
Sie hat ihn in allen erkannt
Und die andern haben in ihr
etwas von seiner Liebe erfahren
Als Elisabeths Liebe kam sie leibhaftig zu ihnen
Sie war nicht säuberlich aufgeteilt
zwischen Gott und den Menschen
Wenn die Liebe für den Bruder nicht reicht
hat sie auch nicht für Gott gereicht
»Wer seinen Bruder den er sieht nicht liebt
kann Gott nicht lieben den er nicht sieht«
sagt Johannes

der Gottes Herzschlag gelauscht hat
Elisabeth hat Gottes- und Nächstenliebe
auf einen Nenner gebracht
Das hat sie liebenswert-einfach gemacht
Als sie noch über Güter verfügte
hat sie geteilt
Als sie arm mit den Armen wurde
ist Gott allein ihre Gabe geworden
Da hat Gott sie zum Becher seines Erbarmens
gemacht
Da hat Gott sie mit seiner Liebe randvoll
gefüllt
Da hat sie Gott austeilen können
Ist das nicht alles

»Kommt« sagt sie uns
»Ich habe es am eigenen Leibe erfahren:
Traut Gottes Liebe
Fangt an mit dem Lieben
*Alle Wege des Herrn sind Erbarmen*«

# Er hat sein Werk getan (Ps 22,32)

## Ausklang

Bilder haben uns übersetzt, was Du sagst. Wir konnten in einzelnen Phasen Deiner Zusage nachgehen. Wir konnten sie überprüfen. Viele Male und auf vielerlei Weise kam sie im Wort der Propheten zu uns. In der Endzeit jedoch, in der Zeit der Erfüllung, hat Gott durch seinen eigenen Sohn zu uns gesprochen. Durch ihn hat er die Welt erschaffen. Durch ihn hat er die Welt von Sünden gereinigt. Ihn hat er zum Erben des Alls eingesetzt. Der Sohn trägt das All durch sein Wort (vgl. Hebr 1,1–3).

Der Sohn hat uns vom Vater im Himmel gesagt.
Der Sohn, der am Herzen des Vaters ruht,
hat von Gottes Liebe Kunde gebracht
(Joh 1,17).

Er hat um unsere Liebe geworben.
Lieben ist Gottes einziges Thema.
Schöpfung, Erlösung und Vollendung der Welt
haben keinen anderen Grund.

Wir haben geschaut, wie Gott liebt.
Gott lebt uns vor, wie Gott liebt.
Gott stirbt uns vor, wie Gott liebt.
Gott stirbt für uns, weil er liebt.
Gott macht sich zur Nahrung für uns.
Wir sollen seine Liebe essen und trinken.
Gott macht sich zum Geisthauch für uns.
Mit seinem Atem sollen wir leben.
Gott möchte unsere innerste Sehnsucht erfüllen.
Er möchte Geliebte zu Liebenden machen.
Er möchte seine dreifaltige Seligkeit
mit uns teilen.
Er möchte seinen Himmel für uns.
Dafür hat er unsere Hölle durchlitten.
Dafür hat ihn der Vater erhöht und verherr-
licht.
Wir haben ihm nichts erspart.
Er aber hat uns alle entsühnt und erlöst.
Er wartet auf unsere Antwort.

Die Bilder möchten sie uns erleichtern.
Wir haben geschaut, wie Gott seinem Erstling
wohlwill; wie Gott dem Menschen die ersehnte
Ergänzung zuführt, die Frau.
Wir haben geschaut, wie Gott Jakob erwählt
und verwandelt.
Wir haben geschaut, wie Gottes Liebe das Herz
des Königskindes in Dienst nimmt zum Dienen.
Wir haben geschaut, wie Gottes Wort in die
Samariterin strömt und sie zu einer Quelle

lebendigen Wassers macht.
Wir haben geschaut, wie sich der Jesusverfolger von Gottes Licht treffen läßt, um nur noch Christus zu künden.
Wir haben geschaut, wie sich die Magier, als erste der Heiden, Gott übereignen.
Wir haben geschaut, wie in den Emmausjüngern beim Brotbrechen der Glaube an den Auferstandenen durchbricht.
Erschreckend uns gleich schauten wir Dich unter der Folter und als KZ-Häftling mit geschorenem Kopf und Stacheldrahtkranz.
Schon am Beginn Deines Lebens schauen wir im Kreuz, das zur Krippe wurde, Dein gewaltsames Ende.

Deine Zusage stimmt.
Du hast unseren nachtschwarzen Himmel durchlöchert:
Die Sterne sind da.
Du selbst bist das Licht unserer Welt.
Das macht sie uns hell und durchsichtig.
In Deinem Licht wachsen wir Dir entgegen.

Behutsam trägst Du unsere Erde, dieses Pünktchen im Kosmos, in Deiner Hand.
Du bist selbst ein Stück dieser Erde geworden.
Du hast sie in Deine Auferstehung hineingeholt.

Jetzt schlägt unser Herz in dem Deinen – beim Vater.
Jetzt schlägt Dein Herz in dem unsern – bei uns.
Du hast uns für immer in deine durchbohrten Hände gezeichnet. Alleluja!

## Bildnachweis

Bernwardstür am Dom zu Hildesheim, Gott führt Adam Eva zu, 1033, Ausschnitt. Foto: Hermann Wehmeyer, Hildesheim.

Marc Chagall, Jakobskampf, Ausschnitt vom Jakobsfenster des Fraumünsters in Zürich, 1970. © 1979, Copyright by Orell Fuessli Verlag, Zürich, ADAGP, Paris und COSMOPRESS, Genf.

Hilde Schürk-Frisch, Krippe und Kreuz, Bronze-Plakette, 1976.

Epiphanie, Hitda-Codex aus Meschede, um 1020, Hessische Landes- und Hochschulbibliothek, Darmstadt, Cod. 1640, fol 22 r. Aufnahme: Kunstverlag Maria Laach (Kunstkarte Nr. 5553).

Bernwardssäule zu Hildesheim, Christus und die Samariterin am Brunnen, um 1020. Foto: Hermann Wehmeyer, Hildesheim.

Geißelung, nordenglische Buchmalerei, Oxford, um 1170; aus: Les jours de la passion, S. 86, Zodiaque, La Pierre-qui-vire.

Kyrilla Spiecker OSB, Dachau-Christus (Akryl), Abtei vom Hl. Kreuz, Herstelle, Beverungen 1; das Original ist farbig.

Roland Peter Litzenburger, Emmaus, Tuschezeichnung 1950, aus: G. Biemer, R. Ruß, wenn das Antlitz sich verbirgt, Christusbilder von Roland Peter Litzenburger, Verlag Katholisches Bibelwerk 1975, S. 65.

Thomas Zacharias, Bekehrung des Paulus, Farbholzschnitte zur Bibel, 24 Wandbilder in sechsfarbigem Offsetdruck, Kösel, München 1966.

Hilde Schürk-Frisch, Hl. Elisabeth von Thüringen, Ausschnitt einer Bronzearbeit, 1977.

## Zur Autorin

Kyrilla Spiecker, geboren 1916 in Berlin, dort Studium der Medizin, 1940 Staatsexamen und Promotion zum Dr. med. 1946 Eintritt in die Benediktinerinnen-Abtei vom Hl. Kreuz, Herstelle. 1960-65 an den Kölner Werkschulen.

Veröffentlichungen neben einzelnen Bildmeditationen:

Auf Hoffnung hin. Bildmeditationen, Stuttgart 1976.

Beitrag in: Warum ich so lebe. Christen über ihren Weg im Orden, Stuttgart 1977.

Zeig mir Dein Gesicht. Bildmeditationen, Stuttgart 1977, ²1978.

ISBN 3-460-31791-4
Mit kirchlicher Druckerlaubnis

Lektorat: Josef Metzinger
Umschlag: Fritz Unger, Stuttgart, nach dem im Buch wiedergegebenen Motiv der Bernwardssäule
Bildreproduktionen: Graphische Kunstanstalt G. Reisacher, Stuttgart
Herstellung: Brönner & Daentler KG, Eichstätt

Kyrilla Spiecker

## Auf Hoffnung hin

Bildmeditationen

78 Seiten, 12 ganzseitige Tafeln, davon 5 farbig,
gebunden DM 16,80

---

Der Band enthält Meditationen zu Pablo Picasso, Absinthtrinkerin, und: Kauernde; Ernst Barlach, Mann im Joch, und: Lesender Mönch; Thronende Muttergottes, Spanien, um 1200; Benedikt, Cismar/Holstein, um 1320; Kyrilla Spiecker, Jesus und die Sünderin; Abendmahl und Fußwaschung, Nordengland, um 1170; Kreuzigung, Nowgorod, 12. Jahrhundert; Roland Peter Litzenburger, Benedikt und der Gote, und: Benedikt in der Höhle; Der Auferstandene und Maria von Magdala, Autun, 12. Jahrhundert.
Dazu als Einführung: Zur Besinnung kommen, und als Ausklang: Hoffnung kennt keine Grenzen.

»Die Texte sind einfühlsam, knapp und ohne frömmelnden Beigeschmack. Sie fassen das Bildwerk genau ins Auge und tasten es nach den Linien ab, die zum Fluchtpunkt führen. Der Fluchtpunkt heißt Hoffnung. Und gerade weil Hoffnung › fromm riecht ‹, werden die Abgrenzungen sorgfältig vorgenommen ... Das Vokabular ist keineswegs biblisch verbrämt, es wird unmißverständlich geredet – eine Wohltat bei der sonst in Meditationsbüchern häufig vorherrschenden verblassenen und gefühligen Diktion.«
*Rudolf O. Wiemer, in: Der Evangelische Buchberater 3/1977*

---

Kyrilla Spiecker

**Zeig mir dein Gesicht**
Bildmeditationen

90 Seiten, 12 gansseitige Tafeln, davon 5 farbig, gebunden DM 16,80

---

»Alle, die auf den Bildern dargestellt sind, haben Gottes Gesicht erfahren: die Ehebrecherin; der greise Simeon und die Prophetin Anna; Adam und Ijob; der sterbende Schächer, Thomas und der Gerufene; Johannes an der Brust des Herrn und die Urgemeinde beim Brotbrechen; Maria unter dem Engelwort; Maria bei ihrer Verwandten Elisabeth und zuletzt im Aufgenommenwerden von Gott zum Gottschauen von Gesicht zu Gesicht.
Gott erfahren, sich ihm aussetzen, ihm begegnen, hat Konsequenzen. Für den, der sein Gesicht schaut, und über ihn für die Welt. Gott hat viele Gesichter. In seiner Freiheit liegt es, wie und wann er sich mitteilen will: Wir können ihn nicht festlegen. Dürfen uns nicht selber ein Bild von ihm machen. Aber wir dürfen sicher sein, daß er darauf wartet, uns sein Antlitz zu zeigen. Und wir dürfen ihn bitten: ›Zeig uns dein Gesicht!‹
Vielleicht bereitet uns die Nachbetrachtung der vorgelegten Bildmeditation, die Selbstmitteilungen Gottes zu erfahren, auf der Suche nach Gottes Gesicht zu bleiben, uns unter seiner Obhut loszulassen.«
*Unsere Seelsorge 1/1978*

---